松浦弥太郎的
思考术

成为厉害的
普通人

[日]松浦弥太郎 —— 著

张佳东 —— 译

图书在版编目（CIP）数据

成为厉害的普通人：松浦弥太郎的思考术／（日）松浦弥太郎著；张佳东译. — 北京：北京时代华文书局，2021.10
ISBN 978-7-5699-4374-0

Ⅰ．①成… Ⅱ．①松… ②张… Ⅲ．①思维科学－通俗读物 Ⅳ．① B804-49

中国版本图书馆 CIP 数据核字（2021）第 173064 号
北京市版权局著作权合同登记号　图字 01-2019-7019
KANGAEKATA NO KUFU
Copyright © 2019 Yatarou Matsuura
All rights reserved.
Originally published in Japan by Asahi Shimbun Publications Inc.
Simplified Chinese translation rights arranged with Asahi Shimbun Publications Inc. through YOUBOOK AGNECY，China
本作品简体授权经由玉流文化版权代理独家授权。

成为厉害的普通人：松浦弥太郎的思考术
CHENGWEI LIHAI DE PUTONGREN SONGPU MITAILANG DE SIKAOSHU

著　　者｜［日］松浦弥太郎
译　　者｜张佳东

出 版 人｜陈　涛
策划编辑｜胡　家　关菊月
责任编辑｜田晓辰
责任校对｜凤宝莲
装帧设计｜王柿原
版式设计｜段文辉
责任印制｜訾　敬

出版发行｜北京时代华文书局 http://www.bjsdsj.com.cn
　　　　　北京市东城区安定门外大街 138 号皇城国际大厦 A 座 8 楼
　　　　　邮编：100011　电话：010-64267120　64267397
印　　刷｜三河市嘉科万达彩色印刷有限公司　电话：0316-3156777
　　　　　（如发现印装质量问题，请与印刷厂联系调换）

开　　本｜880mm×1230mm　1/32　　印　张｜5.5　　字　数｜80 千字
版　　次｜2021 年 11 月第 1 版　　　　印　次｜2021 年 11 月第 1 次印刷
书　　号｜ISBN 978-7-5699-4374-0
定　　价｜49.80 元

版权所有，侵权必究

前言

在我眼中，如今的世界是一个能让人"随时启程"的世界。

倘若你是一名初出茅庐的菜鸟，即便没有一技之长，没有充足的资金支持，也没有丰富的人脉资源，只要心怀"勇于尝试"的想法，也足以支持你启程。

究其原因，是由于如今的世界能够支持我们在网络世界中实现小规模的梦想。创业难度下降，不少人都在以自由职业者的身份开展自己感兴趣的业务。即使上班通勤，也有越来越多的公司对职场新人的蓬勃朝气予以肯定。

哪怕你拥有一定的工作经验，并非职场新

人，也依旧不要紧，因为你完全可以开启一段崭新的旅程。

事实上，这样的例子在我们身边随处可见。如今那些30多岁却更换工作的人又何尝不是多到令人吃惊呢？

2006年，41岁的我以出版界新人的身份任职杂志《生活手帖》的主编，不少人都觉得新鲜，纷纷对我说："你都40多岁了，还敢搞这些新鲜玩意儿啊！"但现在人们或许已经转变了看法。

上了40岁的男人一头扎进全新的行业。

结婚生子的女性因为孩子上了小学，从而开启一段崭新的工作历程。

而我则是年过50依然在挑战新事物，寻求新起点。虽然还会有人觉得新鲜，但我想再过几年恐怕情况就会大不相同。

这是一个年龄桎梏逐渐消失的时代。

这是一个工作方式逐渐转变的时代。

无论从零开始，还是重新启程，每个人都处于变化之中。

正是这种时候，我才更希望回归本心，在

独立工作的基础上，重新寻找那些最为宝贵的事物。

那些工作时存在于内心深处的事物，那些超越工作本身且在生活中像路牌一样指引我们前进的事物，在每个人的心中都会呈现出不同的面貌。

我曾经策划出版过一本名为《工作指南》的书，在书中详细记述了"做报告的方式"，但后来发现它的用处似乎不大，而且我要提供的不该是这方面的建议。

既然如此，我能通过著书的方式为读者提供些什么呢？我便顺理成章地想到，可以与大家分享自己思考的要诀。

那些工作时存在于内心深处的事物究竟是什么？

那些超越工作本身且在生活中像路牌一样指引我们前进的事物究竟是什么？

我们时常会在脑中苦思冥想，这些想法时而浩大，时而深刻，时而宽广，时而细密，令人烦闷不已。

然而，诸事若能依照思索后得出的答案行动，就一定能够摒除心中的踌躇与不安。

俗话说得好，"授人以鱼不如授人以渔"，我对此深表认同。

实际上，思考能力这一"打渔技巧"无须我传授，它平等地存在于每个人的头脑当中。因此，我在这本书内记述的是自己在思考方面的一些发现。

写到这里我想补充一句：如今是一个无须思考的时代。由于万事万物都能搜索查询，因此许多问题在我们自己动脑思考之前就已经清楚了。

我认为这是一件可怕的、令人得不偿失的事。

例如，想看"最好吃的煎鸡蛋"视频，在网上随便一搜就能找到，但这样的视频不止一个，有的视频展示的是咸口，有的是甜口，还有的是酸甜口。

因此，我们无须自己调味，也无须因为担心"这样做是否行得通"而反复摸索练习。只要按照范例操作，无论咸口、甜口还是酸甜口的煎鸡蛋都能顺利完成，乍看之下确实相当方便。

可是既然有了三种类型，那么无论是哪一种都称不上是"最好吃"的了。

不管怎样,我们还是要从中挑出一个对自己而言是"最好吃"的那个。无论烹饪如何方便,最终依旧需要亲自选择。

但这时我们却因为在日常生活中欠缺思考而难以做出决定……

出于无奈,我们只好再次搜索"哪一个真的最好吃",继而面对更多的选项,最终烦恼与搜索恶性循环,让人愈发远离"思考"本身。

因此,这时就要远离科技这一"外力",亲自面对问题。

而这才是关键所在。

诸如"德高望重的A先生说这个可以""那本畅销书人人都说好""上司大力推荐这个方案"等根据他人意见下决心的做法,都是倚靠外力、放弃独立思考的行为。

放弃思考、遵循他人指示、对他人言听计从的行为,只不过是"流水作业"。

独立思考,无论受到怎样的指示都保持自己的意见,以独特的方式做事,才称得上是做

"事业"。

若能继而在事业中尽己所能，对遇到困难的人施以援手，那么你就接触到了劳动的本质。

与遵从命令的人相比，独立思考并以独特方式工作的人更具有积极性。

我相信，若能通过独立思考的方式帮助他人，则能够进一步提升自己的积极性和使命感。

以思考为前提的劳动能够诞生自信，也能在实际工作中派上用场。

它既能帮助人们在从零开始时涌现出无穷的勇气，也能鼓励人们在重新启程时积极发起挑战。

我曾在2012年出版过《思考的窍门》一书，这本书的内容则是前作的升级版，是我在前作出版后的几年里，将储备下来的有关思考的方法进行提炼后，尽可能以平易近人的语句总结出来的。

在前作中，我为思考添加了"为什么""是什么""怎么了"三个问题，提倡让自身这个"小齿轮"与社会这个"大齿轮"咬合，讲述了成功的原理和原则。换句话说，就是思维方式的基础。

本书则提出"做什么""怎么做""以怎样的形式"三个问题，为思考加上"钻研"这一要素，讲述在自身成长的同时，怀着和善与诚意为外界做出贡献的重要性，并通过"思维方式"这一具体手法，为大家展现工作与劳动的本质。

希望这本书能够帮你从日常工作中暂时解脱出来，让你确认自己的"思维方式"，继而成为你从零开始或是重新启程的契机。

松浦弥太郎

2018年秋

目录

第一部分 · 思考与钻研

第1讲 · 尝试独立思考

所谓钻研，就像"纽扣与扣眼" ·4

所谓工作，是和善、诚意与钻研的结合体 ·9

劳动的核心永远是愿景 ·14

如何改变现状？勇气比能力更重要 ·21

寻找缺乏热爱之处，用自身特长弥补 ·28

寻找用来逃避现实的事物 ·33

不将"自己"作为动机，为社会做出实际贡献 ·38

所谓"贩卖"，是在为未来做打算 ·43

第2讲·实践就从今天做起

需要输出的不是信息，而是感动 ·50

归根结底是要熟悉、理解他人的心情 ·57

成为任何人，尝试任何事 ·62

时间与金钱的用法 ·67

寻找工作的方法，主动做出保证 ·74

不冲突、不愤怒，始终保持冷静 ·81

为失败投资 ·87

第3讲·让它成为你每日的习惯

创造时间，规划时间 ·94

为优先程度排序，20%的挑战 ·99

提前注意、提前发现、提前接触 ·104

单人头脑风暴，用文字管理状态 ·109

发明的微调，念头的变体 ·114

以汇报高手为目标，当策划者和指导者 ·119

验证没人做过的事，令伙伴得利 ·126

第二部分·思考与实践

那是比如今好一点点的解决或应对方法吗？ ·136
那是会让人不太满意，或想修改的回答吗？ ·138
那是令人哪怕花钱也想得到的事物吗？ ·140
那是能令人忘却一切烦恼、感到幸福的事物吗？ ·142
那是简单易懂、立刻就能做到的事吗？ ·144
那是每个人都理解、熟悉，身边就有的事物吗？ ·146
那是能令人忘却孤独、排遣寂寞的事物吗？ ·148
那是能令人消除焦虑、忘记恐惧的事物吗？ ·150
那是为重要之人提供的事物吗？ ·152
那是不同年龄段的人能够共同分享的事物吗？ ·154
那是令人觉得开心、有趣、新奇的事物吗？ ·156
那是能够帮助到他人的事物吗？ ·158

后记 ·160

第一部分

思考与钻研

第1讲

尝试独立思考

首先要尝试独立思考，因为这是万事的起点。抛开知识和信息，尝试独立思考。长此以往，就能形成个人的思维方式。

在形成了个人的思维方式之后，还要继续钻研。这是一个向内探索、提升自我、收获成长的过程，也是工作和生活的指路明灯。

所谓钻研,就像『纽扣与扣眼』

你自己"发明过做事的方法"吗?

也许有人认为,思考就是从0到1的过程。我不这么想,我认为思考是从1到3、从1到100,甚至是从1到1亿。

从零开始创新并非不可能。话虽如此,想要每天都做到这一点很难,有些人一辈子也只有一两次。但是,不要过早地下结论,认为"思考是没有用的"。因为通过思考来实现从1到3、从1到100,甚至是从1到1亿并不少见,其中的秘诀就在于钻研。

我们对万事都有自己的看法。对于自身的情况和工作,也会有"何时该如何思考"的固定模式。这种模式的具体表现就是我们平常的行事风格。

这是我们自己熟悉的思维方式，得出的答案也是自己认可的。但考虑过各种情况和缘由的答案依然不算是最好的，甚至不算是最周全的。

继续思考，或许就能发现其他途径；继续思考，或许就会出现转折。

若是灵光一现，发现了新的思路，就朝着这个方向继续思考吧。我认为这就是在钻研，就是在更新自己平常的思维方式和行事方法。

为了找到新的思路，保持"怀疑"的态度很重要。

这样的做法真的是最好的吗？这样想真的对吗？

即使过去取得了成功，也要敢于质疑自己深思熟虑后得出的答案。

即便认为"原则上就是这样，没有别的办法"，也要尝试着去怀疑它。

对我来说，"怀疑"是一种积极的行为，能够激发出许多新的可能性。怀疑是一种为了寻找更好的方法，追求更好的自我、更好的思维方式所付出的努力。

努力钻研新的思维方式，这就是我所说的"发明做事的方法"。

这里说的发明并不是指从0到1，像爱迪生和牛顿那样颠覆世界价值观的发明。

如果将找到更好的方法视为一种"发明"，我们每个人每天不都有发明吗？这样一来，人人都可以成为发明家。

我非常喜欢"纽扣与扣眼"的比喻。

纽扣原本就像胸针一样，只不过是一种装饰品。但是后来有人发现了纽扣可以将布料固定在一起的功能，于是曾经只能用带子系在一起的衣服便发生了改变。仅仅在衣服上开扣眼这件小事，也算得上是大发明了。

这就是日常生活方法的钻研，人人都能做到。只要想到纽扣与扣眼，便觉得自己也能发明无数的方法，心情也变得愉悦起来。

因此，钻研思维方式也能让我们收获每天进步一点点的喜悦。

———————— **思考要诀** ————————

· 生活与工作中隐藏着"更好的创意"。

所谓工作,是和善、诚意与钻研的结合体

今天你帮助他人了吗？
怎样帮助他人的呢？

人们在快到20岁时尝试过的兼职也是一种工作。

哪怕只是在咖啡厅打工，初来乍到时想必也会对店里的各种工作感到陌生，不得不接受老板或领班的安排，在他们的指导下给客人端茶倒水、收拾桌子。

即便如此，在工作之前若能这样想想，你的工作态度就会焕然一新！

你需要思考的是：今天我能帮助他人吗？又该怎样帮助他人？

每天上班乘坐公交时若能闭上眼睛这样想想，你的脑袋里一定能冒出不少绝妙的创意！

入口处的玻璃门被指纹弄得脏兮兮的。即便没人支使,要是把它擦得亮亮堂堂,便能给从外面望过来的客人留下干净整洁的印象。

望着客人的眼睛,递上饮料并真诚地问一句早安,可能给对方带去一整天的好心情。

这些日常生活中的细节若能够帮助到他人,本身便是一件好事,而且更重要的是,它们能够成为你"工作的动机"。

刚刚的例子是关于职场新人的,不过反倒是那些已经习惯工作,甚至对工作有些厌倦的人,或是已经久入职场的老手,才更应该每天都想一想:"在8小时的工作时间里,今天我能帮助他人吗?又该怎样帮助他人?"

困难、烦恼、纠纷、不和,工作中难免会遇到许多处理不当或是令人心生烦躁的事。

"我到底在做些什么?"

"整天做这种单纯的流水作业究竟有什么意义?"

"我工作这么努力,可谁也不知道。"

或许你也曾有过这种空虚感和徒劳感。

不过我始终相信——即使没有直接与他人接触，你的劳动成果在兜兜转转之后，总会以某种形式令他人受益。

如今是一个全球化的时代，你的劳动成果甚至有可能惠及大洋对面的人。

我自己也曾有过迷惘、焦虑，甚至束手无策的时候，但每当想到"我的工作能够造福他人"时，我便顿时充满力量，能继续努力下去了。

"我能帮助他人吗？又该怎样帮助他人？"

对我来说，能够支撑起这种想法的便是"和善、诚意与钻研"。

待人和善与帮助他人有着千丝万缕的联系，若是考虑自己要如何待人和善，就能发现具体要做的事。

多掂量掂量自己的诚意，就能约束自己，避免自以为是，或是干出损人利己的事。

除此之外，若能钻研更为新颖、方便和有趣的方法，便能发明出前所未有的新事物。

这只是我的个人做法，但若能在"和善、诚意与钻研"方面深入分析，一定会提出更多好的创意，提升工作的积极性。

当然，不同的人可能会推崇不同的宗旨，例如"和善、笑容与钻研"或"勇气、创意与行动力"等。不过，只要是贴合自身的做法，都有资格成为我们思考的根基。

———— 思考要诀 ————

- 将"和善、诚意与钻研"化为思考的根基，化为与他人沟通交流的基石。

劳动的核心永远是愿景

你希望构建一个怎样的社会?

刚刚跳槽的年轻人与毕业后刚刚开始工作的人常常会思考一个问题:自己究竟该做什么?

这个问题很难得出答案。正因为不容易,所以许多人会这样想:

"用最快的速度完成上司的指示。"

"利用自己擅长的技术,改变公司的某个体系。"

这些想法切实易懂,乍看之下都是很不错的回答,但我却感到担忧。

因为这两种回答都属于"无根之木"。

举例来说,如果一位刚进公司的员工表示自己的目标是"用最快的速度完成上司的指示",

他或许会得到"工作积极,办事麻利,精明强干"的评价,然而上司的指示却不一定是绝对正确的。

遵循指示有可能损害公司的利益。即便该指示对公司有益,也可能令某个人伤心悲痛。即便该指示对工作而言可行,也可能会违背自己的内心。

无论上司多么诚实肯干,但凡由人所做出的指示,就有可能遇到上述难题。如果要对上司的指示加以思考和判断,就需要"自我"这一根基。

最重要的是,一定要心怀"与上司的指示相比,或许有更好的方案"这一念头,否则便无法实现自身成长。要是不能将工作看作是"自己的事业",始终怀着"被他人指挥"的想法,长此以往,积极性一定会被消磨殆尽。

此外,"利用自己擅长的技术,改变公司的某个体系"的想法更为具体,看似不错,但我认为依然属于"无根之木"。

"技术""体系"都是日新月异的事物,单纯只是工具。像是铅笔或电脑等工具,只有使用恰当才能派上用场。真正重要的是铅笔或电脑的用途，也就是"工作"这一根基。

我认为，能够满足"自己"与"工作"这两大根基的，便是"对工作的愿景"。

提到愿景，或许有人会反驳说"那只不过是一种美好而遥远的事物"，但我反而认为它对工作而言是不可或缺的。

即使是公司新进员工，或是职场菜鸟，首先要考虑的只有一件事：我对这份工作怀着怎样的愿景？

若要说得更简单，所谓工作的愿景就是："你希望通过工作构建一个怎样的社会？"换成人生的愿景，则是："你希望在活着的时间里，创造出怎样的人生？"

面对如此宏大的提问，恐怕没法立刻作答。

所以这个问题要天天思考、频繁思考，更正过去的疑问，然后继续思考。

尽管愿景十分重要，但构思愿景的自我，也是在不断学习与体验中日新月异的。因此反复确认并进行微调也是十分重要的事。

反过来说，正因为能每日调整，所以我才认为与"愿景永远无法构思"的态度相比，"此日此时的愿景就是它"这一想法更加可取。

愿景真的是越宏大越好吗？

我十分尊敬一些企业的理念，比如有的服装企业所主张的是"改变服装，改变世界"。我认为这一愿景能让世界更加美好。

所谓"改变服装"，既是达成目的的方法，也是他们的工具。

重要的一点是，即便想要提出愿景，我们的注意力也更容易在不经意间被"改变服装"这种方法和工具所吸引。这与我在上文中举出的"无根之木的工作方法"的例子相关。

"我提不出那么宏大的愿景。"

"我所做的只不过是些微不足道的工作，愿景对我而言太夸张了。"

不要在乎这些犹豫不定的想法和心中的冷言冷语，认真构思一些宏大的愿景吧。

若能在看待问题时立足长远，就没有必要为

现状的些许变化而感到动摇。

或许会有不少上司和前辈劝告你："与其关注愿景那种虚无缥缈的东西，不如做好眼前的工作。"但在我眼中，这不过是日本旧时代残留下来的扼杀个人价值，将组织的目标凌驾于个人意志之上的恶习罢了。

工作过程中，每个人都难免产生空虚感和焦虑感。

"我的工作究竟有什么用？它完全没有意义吗？"

我的内心也总会突然掠过这样的阴云。

但如果有了愿景，就能将阴云一扫而空。

而我如今的愿景就是"帮助这个世界上遇到困难的人"。每当在工作中为焦虑所扰，一句"没关系，去为了自己的愿景继续努力"便能令自己恢复精神、重新振作。

―――――― 思考要诀 ――――――

- 不要将"方法"与"愿景"混为一谈。"帮助社会上遇到困难的人"这一愿景能够诞生出各种方法（事业），反之则不然。

如何改变现状？勇气比能力更重要

那是比现在更好的办法吗？

要如何改变现状？

在工作基础上，我希望自己能常常思考这个问题。

即使当下的状态差强人意，也要有意识地积极否定、积极怀疑。

"一定会有更加合理、更为适合、效率更高的办法完成这件事。"

"没有比现在更好的办法了吗？不，一定还有。"

当这样思考时，你能感觉到自己是一个拥有梦想的人。能够诞生出无限可能性的并非其他，正是"超越现在"这一想法。

心中常怀"超越现在"的想法并对诸事加以改进，同样也是一种挑战。

积极怀疑、否定众人交口称赞的惯例和乍看之下没有任何问题的部分，只有这样才能拥有主流所不具备的视角。

正因如此，为了改变现状，必须拥有超越任何人的勇气。

若是有人问我，能力与勇气哪个是工作中更加重要的品质，我会毫不犹豫地回答"勇气"。当然，有能力或是希望能力更加突出这样的想法同样非常重要，但如果光是有能力，没有行动力与挑战精神，那么依旧无法改变现状。若是没有勇气，就无法将任何一个微小的念头付诸行动。

勇敢挑战的结果或许是遍体鳞伤，但我依旧希望成为一个勇敢的人。

即便拥有"做得更好"的信念，也必须从小事开始加以改善。若要这样，不妨先考虑一个"比现在更好的办法"。

关于"更好的办法"，我认为即使无法百分之百确定，也要先将自己的所思所想加以实践，这种做法已经足以称得上是挑战了。

尽管在挑战的过程中会频繁遇到阻碍，但亲眼见识世间百态，会引发自己更加深刻的思考，随后你会有全新的领悟。

直面困难后要做的是思考。由于我们能在困难中收获良多，因此困难也会成为后续思考的素材。这样一来，思考后得出新的答案，继而继续实践，继续直面困难……

若能像这样让"思考、钻研、实践、验证、再次思考"的流程循环起来，就一定能使自己不断成长。

最困难的是如何踏出第一步，因此我希望各位读者一定要勇敢尝试那些"更好的办法"。

例如，最近我在尝试的"更好的办法"就是星期日不使用手机。

对于身处IT行业的我来说，大部分工作方面的沟通都要通过手机进行。用手机交流工作、收集信息或是改善心情，即使从私人交流的角度来讲，我也一刻都离不开手机。

但正因如此，我才觉得必须和手机保持一定距离，否则将会害处多多。

过去给自己带来压力的元凶——工作和人际

关系，今后很可能会变成手机。

正因为方便，所以会过度期待。手机信号稍微差点，或是账号出点麻烦登不上去，心里就会有些慌神……

我并不打算否定网络和手机，今后它们当然也会是我不可或缺的工具。

尽管如此，我却不希望自己一旦没了手机就立刻成为废人。正因为不可或缺，才想找到一个"更加合适、更加巧妙的使用方法"。我做出的"怀疑现状"正是如此。

于是，在深思熟虑后，我得出的"更好的办法"就是"星期日不使用手机"。

原本我的目标是"每周两天不用手机"，但由于从一开始就难以执行，才将"更好的办法"改为了尝试在星期日不用手机。

后来我又注意到，当我待在狭窄的地方时会更愿意使用手机。比如说进了电梯就会不自觉地掏出手机，身处狭小的房间时也会想看手机。你也和我一样吗？

我在星期日尝试着去逛公园。于是发现，在

公园这种宽敞的空间里，自己就不是那么想用手机了。

其实这也是一种没有亲身实践过"星期日不使用手机"就无法理解的事。因此在亲自践行"星期日到宽敞的地方"这一新方法后，便会开始进行新的思考。

通过这件事，我领悟到了思考时不仅要用头脑，也要让身体行动起来的道理。

不仅工作，我希望对自身的生活方式也能时常加以改善。正因为习惯是固定的，才更希望能逐渐改进。

例如改善时间的用法、金钱的用法，以及饮食习惯。

每个人都有自己的欲望，我也一样。想改变多年以来早已熟悉的习惯和做法是相当困难的，尽管如此，我依旧坚持有意识地改善。对此，我必须保持不断思考。

越是思考，就越能增强自己钻研问题的水平。

---思考要诀---

- 念头再小，也要积极实践，它会促使新的念头诞生。

寻找缺乏热爱之处,用自身特长弥补

你了解自己"因喜爱而擅长"的事吗？

有两个方法能让你比现在做得更好，首先是"对看似没有问题之处加以怀疑"。

另一个则是"寻找缺乏热爱之处"。

这种方法在许多书中都被反复提及，我相信这是因为它至关重要。

在工作中，我们必然会遇到某些"应该去做的事"。它或许是公司里的工作，又或许是团队中的项目。对这些工作进行思考与钻研，至关重要。

不过自己寻找的、主动去做的工作要远比被人托付的工作更具有钻研的空间，也更能促进自身成长。

而要主动寻找工作，最重要的是先寻找缺乏

热爱之处。

究其原因，人们容易忽视或放任自己缺乏热爱的事。如果一件工作任何人都没有去做，你就获得了这个机会。

不只是工作中，即使在日常生活中或放眼社会，我也会寻找缺乏热爱之处。无论何时何地，我都会去关注"缺乏热爱之处在哪儿"。

若将"缺乏热爱之处"换个方式表达，就是"心意传达不到的地方"。

那么事不宜迟，赶快在你的工作中寻找缺乏热爱之处吧。

尝试着在工作环境、人际关系、项目计划、每日业务当中，考虑"缺乏热爱之处是什么"这个问题。

假设我们是同事，即使在同一环境下工作，我们发现的"缺乏热爱之处"也有所差异。因为拥有不同价值观的个体，发现的"缺乏热爱之处"也各有不同。

能够发现"缺乏热爱之处"的人只有自己。若能依靠自身感觉寻找，成为"新大陆的发现者"，你的工作水平一定能够得到提升。

发现"缺乏热爱之处",还有助于填补自己的空白。

"怎样填补自己的空白?"

"怎样让自己更加充实?"

尝试着思考这些问题,头脑中总会浮现出一些答案。就我的经验而言,自己发现的"缺乏热爱之处",基本能由自己来解决。

只能靠自身解决的问题,自己因喜好而擅长的事,这些不仅是必做的,也能用自身的能力帮助遇到困难的人。因此说得宏大一些,完全可以称作是造福社会的行为。

而宏大的工作机会也正蕴藏其中,并将最终转化为优异的成果。

发现"缺乏热爱之处",思考自己能做什么,并对此进行弥补。

在重复以上行为的过程中,你逐渐熟悉了自己擅长的事,继而变得更加愿意用自己的力量去填补"缺乏热爱之处"。

我认为,在工作的基础上,最重要的是能发

现多少自己擅长的事。我希望大家不要去寻找竞争对手,而是发现那些只有自己能做到的小事。

"缺乏热爱之处是什么?"

我相信,这是我们应当坚持不懈去解答的问题。

―――― 思考要诀 ――――

- 面对工作任务时,可以尝试考虑将"解决问题"替换为"寻找缺乏热爱之处",这样便能发现解决问题的突破口。

寻找用来逃避现实的事物

你发现了他人的"软弱"吗?

行为经济学家利玛窦·墨特里尼曾在其著作中提出过"感情让世界运转"的说法。他认为人们在考虑道理前首先会调动情感,这种现象甚至能影响集体行为,甚至影响到社会性判断。

我对此表示认同。引用行为经济学的逻辑来说就是:在社会中运行的并非体系与政治,而是每个人的情感。可以说,这个社会是在众人情感的合力下运作的。

我认为一份工作的基础是接近他人的情感、考虑他人的情感。想到这里,我察觉到或许每个人都在逃避现实。

每日的生活如此艰苦,身边充满难以排遣的

苦闷，再加上担忧与压力，每个人心中都有一片阴云。刚入公司的新人有着担忧，了不起的企业家心中也常怀焦虑。

我尊敬的那些优秀企业家，大多都有着特殊的爱好。

例如有的人会突然嘀咕"这个季节的花该开了"，随后爬上山去观赏高山植物，或去外地逛植物园。

这些能决定数百亿元资金流向的人，却对与自身事业毫无关系的花朵着迷。这种现象或许会令人啧啧称奇，但我想，这也许就是他们用来逃避现实的独特方法。

无论工作地点是金融机构还是食品工厂，一切工作都要活生生的人完成，而他们的心中都有一片阴云。

正因如此，何不尝试着这样考虑：自己在做的事，能帮助别人从现实中逃避出来吗？

如果能通过自己的工作帮助别人解脱每日的辛苦和难以排遣的郁闷，以及担忧与压力，该是一件多么美妙的事！我们务必要真挚地追求这一理想。

然而，要牢记：这依然只是理想，这一问题也无法从根本上加以解决。究其原因，即使设法排解担忧，内心还是立刻会有其他阴影浮现。心中的阴云，即使一时吹散，也会重新汇聚。

所以要做的是让人们暂时忘却心中的阴云，递给人们一把临时用来遮风避雨的庇护伞。同时，考虑这把伞是什么也很重要。

它可能是一部有趣的电影，可能是一款游戏，也可能是一本让心灵获得慰藉的好书。有的人在开上自己的爱车时，能够暂时忘却压力。有的人在健身房大汗淋漓时，能让自己心无杂念。

服装、化妆品等商品之所以能大卖，是因为它们蕴含着远离日常的幻想。美食受到众多人的喜爱，也并非只是因为美味。

总而言之，一份工作中是否藏有能够令人暂

时逃避残酷现实的故事，是它能否获得成功的最后一个关键点。

---思考要诀---

- 需要考虑的不只是解决问题的根本方法，还有"一时的权宜之计"。对思考的钻研要涵盖各个方面。

不将『自己』作为动机,为社会做出实际贡献

你在为谁而工作?

"为工作而努力时,你的动机是什么?"这是我在公司面试新人时必问的问题。答案大致分为两种:一种是为了使社会上的其他人获得幸福;另一种则是通过工作使自己成为什么样的人。

我并非要断定哪个正确,它们都是重要且有必要存在的。

使社会上的其他人获得幸福,替别人解决问题是工作的本质,以此为动机也是非常高尚的。而通过工作使自身成长,实现自己的目标,毫无疑问也是一种动机。

我认为这两种想法都没有错,但要问我喜欢和哪种人共事,我还是会挑那些以他人幸福作为工作动机的人。

因此，我会选择愿意为他人尽心竭力的人。

如今喜欢说"为他人尽心竭力"的年轻人越来越多，时不时还能听到"想为社会做出贡献"的说法。

我担心的是他们提到的"社会贡献"多数显得宏大而遥远，例如去遭受自然灾害的地区当志愿者、拯救即将被人道处理的小猫小狗。换句话说，对"社会上的重大问题"心怀兴趣，打算为此尽力的年轻人越来越多。

我认为将社会贡献当作现今社会里发生的重大问题，还是有很多值得思忖的地方。

"社会贡献"其实更加贴近我们的身边事吧？

在社会上，为平凡无奇的、活生生的人尽心竭力，同样是在为社会做贡献。若能为普通人排忧解难，令他们重新振作，或许能让更多的人参与到志愿者或为社会做贡献的行动中来。

与独自去当志愿者，或是参加动物保护集会这种"单枪匹马"的活动相比，你完全有可能干出一番更加宏大的事业。

"想要造福社会",能这样想是件好事,但要在思考上下点功夫。

"社会"是个庞大的集合体,是由每个普通人共同构筑起来的。就算意识不到这点,我们也能发现,想要成就大事总是不那么轻松。

"帮助社会上的人,并使自己获得幸福"。如果说每个人的心里都怀着同样的愿景,那么一定是这个了。

无论AI(Artificial Intelligence,人工智能)发达到何种程度,能使人类获得幸福的只有人类自己。

怎样才能给予人类爱与希望?

为了提供爱与希望,自己要创造些什么?

回顾自身经历,我依旧认为:在尝试这样思考后,你会发现自己逐渐找到了劳动的意义。与自我成长、自我实现这些以"自我"为中心的动机相比,怀着"造福社会"的想法更能实现自身价值,令自身获得成长。

———— 思考要诀 ————

- 世界由国家构成，国家由地区构成，地区由家庭构成，家庭由每一个人构成。我们要将"造福社会"这件事拆分来看。

所谓『贩卖』，
是在为未来做打算

那是创造幸福的输出吗?

在经济大环境中,每个人都像一个不断运转的齿轮。因此,我们应该对这一现象加以思考和理解。例如自然灾害发生后,每个人的内心都会忐忑不安,这种心情会影响到经济,在社会中诞生出一种广泛的现象。

发生自然灾害,人们在心中愈发焦虑时,需要冷静思考。

"这种时候,需要贩卖的是什么?"

尽管想法有些不近人情,但这是让社会与自己的工作取得联系的一个提示。我觉得若不这样钻牛角尖,便不能帮助那些遇到困难的人,或用自身长处来弥补"缺乏热爱之处"。

除了自然灾害以外，金融危机也是一种可悲的灾难。

每当举办奥运会之类的大型活动，或遇到变更年号这种大事，考虑谁会从中得利，能够提示你接下来要做什么。

即使只是提出新的计划，能在根据充足的前提下陈述背景，表明自己"有新设想"，也会更具说服力。

在把握背景的前提下构思，任何念头都会比现在的更加优异。

构思"比现在更好的念头"，就是对未来的希冀。

希冀着更加幸福，物质、精神更加丰富。

发现前所未有的好主意并加以实施，若用语言加以形容，就是在"塑造未来的自己"。

此外，我认为工作的本质是一部分人对物质、服务、娱乐、知识、技术的贩卖，以及另一部分人对它们的购买。

购买，即通过付费获得某种事物，是另一个发掘价值的过程。

而创造价值的则是卖家。要怎样才能创造出

真正具有价值的事物呢？

我每天都在考虑这个问题，直到有一天突然发现：或许思考事物和服务中是否蕴藏着未来，便是为这些"商品"赋予价值的方法。

例如未来的健康是一款"有利于身体的饮料"的价值；未来的职业是一本"对工作有帮助的书"的价值；未来的时间是一种"方便服务"的价值。

不要为过去，而要为未来赋予价值。

这极有可能成为解决他人烦恼、弥补"缺乏热爱之处"，以及解决社会担忧的途径。

我决定时刻意识到一个观念——"所谓自身输出，正是创造幸福未来的能力"。

这并非简单想想就能验证出对错的问题，因此要不断思考，并通过实践加以证实。

尝试，思考，修改细节，继续尝试。在前方等待你的将是伟大的终点——通过工作所营造的幸福未来。

—————— 思考要诀 ——————

- 与眼前的满足相比,尝试思考那些在内心塑造出的、前景更加美好的幸福。尝试去扩大自身的格局。

第2讲

·

实践就从今天做起

对思考的钻研,并非仅仅存在于头脑中。
而是要将念头和方法表达出来并加以实践。

进行尝试,有可能会失败。
就算失败,也能使思维方式变得更加老练。
经过挑战,或许会有意想不到的收获。
与别人分享,或许能得到独特的看法。
这样便能令思维方式更加完善。

思考的要诀是实践与共享。
事不宜迟,就从今天的工作开始吧。

需要输出的不是信息,而是感动

你是否在表达自己的思考

我始终相信思考即是希望。正因如此，我从未停止过思考。

尽管"思考"这一行为在我心中至关重要，但我依旧坚持认为在思考过后，一定要把想法说出来、表达出去。例如提建议或方案，或者通过对话、写文章、出主意的方式表达，又或者是通过服务、提出新计划等方式。

思考、输出，这一循环说是我工作的全部也毫不夸张。

思考的输出存在各种形式。

尤其是如今的自媒体时代，人们可以使用网络直接表现自己或传递信息，通过这样的方式，每个人都能创造出全新的价值。

不过我想提醒的是，我提到的输出并非单单意味着信息的传递。

在这个方便的时代，信息大爆发，因此与过去相比，信息的贬值也相当严重。信息的价值当然不会彻底消失，但很少会有人觉得随手可得的事物拥有多大的价值。然而，即使只是这样的信息，一旦你决定持续输出，也会成为令你无可奈何的束缚。

这样一来，你就不得不持续关注信息。此外，要和同行比拼的不再是内容与价值，而是速度与新颖度，这样就使得自己更加焦头烂额。

最后，你会在不知不觉中厌倦这种输出，用来思考的时间也更少了。

我认为输出就是表达、对人际关系的构筑，也就是所谓的交流。

输出的首要目的是与人产生联系，既然如此，我们输出的或许应该是感动。

信息会过时，感动却永远不会，因为感动是

从亲身体验中诞生出来的。

对于信息来说,亲眼所见或通过亲身体验得到的是一手信息,从别人那里听来或是通过媒体得知的是二手信息。

感动必须通过亲眼所见或亲身体验才能得到,因此是一手信息。

尽管你也能在书籍这种二手信息中看到类似于"看过的人都哭了"这种令人感动的内容,但这些信息可能已经经过了第三方的加工。

然而一手信息就是无可置疑的真相了。

有些纪录片从一开始就是由专业人士怀着利用煽情台词、戳人泪腺的动机,辅以高超的技术剪辑出来的,因此可能掺杂着一些尽管算不上谎言却是做戏的成分。

而亲身体验到的,令你因感动而落泪的事则没有掺杂谎言或做戏的余地。只有真实才是最极致的感动。

因此我才会下定决心,要输出最为"直白"的感动。

输出感动。

这是在《生活手帖》发行新一期刊物时，我对"我们应当输出什么"这个问题进行深思熟虑后最终得出的答案。

"我要向读者提供并出售自己曾经获得的感动。"

而最终我也注意到，各位读者接受了我的决心所传递出的感动，这本杂志的发行量也得以大幅提升。

需要输出的不是信息，而是感动。在人际关系方面同样如此。

开心的事、快乐的事、触动心灵的事，我们乐意与每天一同交流的人见面。要是继而被这些话题感动，聆听者便会将它们永远记在心中。

在公司外部开发表会时，我也始终惦记着："我能给对方带去感动吗？带去怎样的感动？"

哪怕像现在这样写文章时，我也始终珍视感动。而我认为是否执着于此，决定着我的文章究竟是单纯的信息，还是能令无数读者获得感动，并将这份感动扩散开来的作品。

事不宜迟，立刻开始思考今天自己要怎样输出感动、输出怎样的感动吧。无论在发表用的资料中、与咨询者的谈论中，还是对上司的汇报或是部内的会议里，都要以积极的态度去输出感动。

不要紧张，轻松对待。我在每周一度的公司大会上都会向大家表述自己的感动。

想要输出感动，必不可少的是每天发现感动。而要善于发现感动，就必须重视好奇与坦诚之心。

需要注意的是避免冷漠。总是摆出一副冷冰冰的态度，会不利于自己发现感动。

像小孩子那样时而欢喜，时而惊讶，带着善于感动的性格生活，是输出永不过时的感动的最好办法。

―――― **思考要诀** ――――

- 信息从传递出去的一瞬间起就开始过时,而感动却永远不会。将"如何向人传递永不过时的价值"这一问题作为思考输出的基础吧。

归根结底是要熟悉、理解他人的心情

你是否察觉到了他人的感受

敏感察觉自己和他人的心情,并能深刻理解他人的心情。是否拥有这一基础,会让人与人的思维与输出内容从根本上产生分歧。

尽管只是猜测,但我认为大获成功的世界级企业家比尔·盖茨、苹果创始人史蒂夫·乔布斯,以及阿里巴巴的创始人马云等人抛开其他方面不谈,或许都是善于觉察他人心情的人。

他们之所以能获得成功,并非因为掌握着特殊的技术,也并非由于他们的头脑比别人更加聪慧,运气比别人更好。他们的长处,或许在于更了解他人的心情。

了解他人的心情,也是销售学的原理之一。

究其原因，研究销售时需要深思熟虑并苦心钻研的问题正是"如何得到他人的喜爱"。

因此每天都要思考如何才能深刻理解他人的心情。

"今天大家的心情是怎样的？"

"他们的感情今后将会如何？"

每天都要思考这些问题。

我提到的"大家"，并非只是公司的同事或委托人、客户等。在工作中，我们优先要考虑到的是"全社会的人"。我认为考虑到社会上的所有人，思索他们的感情并加以理解也只是最低限度的要求。

"今天他们在为什么而高兴？"

"今天他们在为什么而伤心？在为什么而焦虑？"

"今天他们在为什么而惊讶？在为什么而怀疑？"

有了这样的态度，在判断问题时就不会自私

自利。

例如：有人因为公司预算宽裕，打算开始大型项目，但如果此时社会普遍追求的是朴素精巧，那他也是无法获得成功的。

又例如，即使一个人心里冒出什么有趣的创意，也不能不由分说就立项炒热，因为如果它伤害到别人的感情，为人们带来焦虑或悲伤，那不仅可能不被接受，甚至有可能对他人造成伤害。

反之，也有人会在悲伤中追求笑容，感情就是如此复杂。正因如此，对于任何商业活动而言，能否深入理解他人感情便是能够获得成功的关键。

了解并深入理解他人的感情。

首先尝试察觉眼前人的心情，继而慢慢拓展到社会上所有人，思考他们的感情。

―――― 思考要诀 ――――

- 比精通最新科技困难百倍的是了解他人的感情。需要牢记的是：技术固然不断变化，但情感上的变化却更甚于此。

成为任何人,尝试任何事

你会在怀疑之前开始行动吧?

人类的感情不是轻易就能理解的。

这时,我们就要将自己代入对方的角色中。

连我这种50多岁的人,也会常常把自己代入20多岁的女性、十几岁的少年、老婆婆或是小孩子的身份,有时甚至会代入外国人。

常常有人惊讶地问:"松浦先生,你为什么这么了解年轻女性的心理?"那是因为我曾将自己代入过她们的角色之中。

"我是女人,不了解男性消费者的想法。"

"我才30岁,不知道老人有什么需求。"

如果怀着这种破罐子破摔的想法,就相当于把工作的路走窄了。

要勇于成为任何人,无论男性、女性、老

人,还是孩子。

与将自己封闭在狭小世界的人相比,这种灵活的人拥有着更加开放的思维。

想要代入对方,一个行之有效的方法就是多多观察他人。

不要把这件事当成任务。一个对世人与社会怀有好奇心的人,自然就会仔细观察身边的人。

而我正是一个好奇心极度旺盛的人。无论乘坐电车还是去咖啡馆,我都会仔细观察每个年龄段的人。

"一位独自来到咖啡馆的女性,她没玩手机,而是始终向店外张望,似乎是一位有孩子的主妇。这位主妇为什么会一大早来这儿喝咖啡?是在等待孩子从幼儿园放学,还是在等待约好见面的朋友?又或者是来市中心办事,在这儿打发时间?"

我就会一边观察一边这样思考。

无论是什么年龄段、什么样的人、怀着怎样的问题、处于什么状况,我都深感兴趣。脸色、表情、态度、动作、偶然传入耳中的部分对话及措辞，都能让我对他们产生更进一步的了解。

这种做法在后来的工作中给予了我许多启示。

此外，我还得到了许多只属于自己的"一手信息"。

我在上文中提过"成功者善于了解他人的心情"，之所以会如此，并非由于他们拥有丰富的学识，而是由于拥有亲身的经历。

因此，与其在论坛上了解"当代大学生群体中最流行什么"，不如走上街头，亲自对大学生进行观察，这样将会有更多收获。

就像录制美食节目，无论学识如何丰富，要是没有"亲自品尝"这一环节，你的信息对别人毫无价值。

亲自前往、亲眼观察、代入对方的角色并亲身体验，这是最为重要的。

自己丝毫不感兴趣的事突然受到全民热捧，自己觉得难看的服装突然风靡一时，这种现象常有发生。

即使觉得"丢人现眼"或"无聊透顶"，

那些事物如今受到社会的追捧，也一定有其原因所在。

我会在疑心"丢人现眼"或断定"无聊透顶"之前，先亲自尝试一下那些引发话题或风靡一时的事物。

如果它们与自己即将从事的事业相关，那就更要尽可能地提前加以尝试。

―――――― 思考要诀 ――――――

· 做不符合自己风格的事，放开思维，即便没有兴趣也要加以尝试。

时间与金钱的用法

你在为别人提供帮助吗?

社会上每个人都渴望能善用时间与金钱。

无论走在街上还是在电车里,无论是玩手机还是宅在家中,每个人都在探寻金钱与时间的用途。

究其原因,几乎所有人都不满足,几乎所有人都心怀烦恼与困惑。

时间与金钱对每个人来说都有着极高的价值,人们都想用它们来解决自己的烦恼和困惑。

因此我想告诉大家,究竟是什么想要使用你们的时间与金钱。我希望能够由此满足大家的需求,解决大家的烦恼,帮助感到困惑的人。

这也是我工作方面的原则之一。

在我眼中，时间的价值要高于金钱。

金钱可以通过工作或投资的方式挣到，也可以借到，但时间是绝对没有办法增加或借到的。

这样想来，关注时间的使用方法更有助于人们找到自己真正要做的事。

一切商业行为都是在争取如何让人将时间花在自己身上。

电视、手机、网络、游戏之类的媒介，都希望人们尽量在自己身上消耗时间，哪怕只是10分钟、5分钟。与此同时，它们彼此之间也在进行争夺，都希望能尽量占用人们的时间。

一个咖啡馆老板必然希望人们把"去喝咖啡的时间"全部花在自己身上，不要去其他咖啡馆。

无论哪行哪业，能够独占时间的人都是成功的经营者。

而在占有时间的过程中，他们要做的必然是为人们提供解决烦恼与困惑的答案。

举个简单的例子，许多人都担心自己的身

体，提供自然食品与健康食品的服务便应运而生，并风靡一时。

由于人们的烦恼与困惑在不断改变，所以对这些问题的解答也时刻变化着，因此要注意察觉它们的走向。

人们为什么而烦恼？他们会把时间与金钱花在何处？看穿这些问题并非易事，但它们的答案依然有迹可循。例如，电视广告与报纸广告就是简单易懂的提示。

投放广告需要高额花销，制作广告同样如此。广告主肯投入资金，证明这种商品能产生足够的利润，或是公司资金充沛。

换言之，多注意电视和报纸广告就足以支持你完成对市场的调查。

报纸或网络上的招聘广告，哪怕与我无关，我也会多加注意。招人是件花销很大的事，将招聘信息大规模地广而告之，是一家公司经营顺利的证据。

如果发布招聘广告的A、B、C公司同属一

个行业,你就能够发现"这个行业发展顺利,人们希望有这样的服务来解决自己的问题"。

看电视的时候,与其感叹"全是搞笑和娱乐节目,正经的越来越少了",不如换个角度这样考虑:"虽然我不感兴趣,但其他人愿意在这样的节目上花费时间与金钱"。

如果需求与供给的关系不成立,也就不会出现那么多相同题材的节目了。

为防万一,我还是要强调:虽然我们能通过电视广告、新闻广告和电视节目发现人们愿意花费时间与金钱的内容,但也仅仅是一种参考,不能盲目判断。

一切工作的背后都是"人",工作的本质是帮助遇到困难的人,但想"帮人帮到底"却并不容易。

帮助别人的方式出错、出现误差,或是一厢情愿的情况都时常出现。

"在帮助遇到困难的人时,我有多少把握不

出差错?"

这个问题我思来想去,考虑过无数次,都是为了让自己能够不出差错地满足他人的需求。

即便觉得"按这个计划进行准保万无一失",表达观点之前我依旧会停下脚步,细细考虑接下来的做法是否会有差错。

我会细细验证人们是否真的愿意为此花费时间与金钱,同时重新审视计划本身,重新思忖人们的感情,力求获得更深刻的理解。

这种消除误差的工作,同样也是"思考的要诀"之一。

我们常常会陷入死胡同,无法找到答案,这很正常。

对人们来说,由于要利用最为珍贵的时间与金钱,自然要深思熟虑。

其实最可怕的是自己的表达不被任何人接受,在社会中陷入悬而不决的状态。

―――― **思考要诀** ――――

- 不要将想法强加给他人。敏锐察觉接受者的感情,纠正自己想法中的误差,争取令对方接受。

寻找工作的方法，主动做出保证

你是否在以合作者的身份工作

优先为社会上的其他人考虑，而非自己。理解他人的感情，不断进行深度思考。保持这样的态度工作，就能够发现重要的事物与工作的方法。

继而将"眼前的其他人"从"社会上的其他人"中分离出来，把他们放在第一位，便能提高自己工作的格局。

我认为，替别人着想正是将自己与其他人区分开来的不二法门。

比如说，有这样三位销售员。

其中一位销售员对客户言听计从。

数九寒天里客户对他说："给我准备一万个

西瓜，我要高价购买。"于是他跑遍全世界，只为凑齐这一万个西瓜。

即使要求不合常理，他也会觉得自己接到了大笔订单，并为此而感到兴奋。

另一位销售员将自己想卖的东西贩卖给客户。

如果恰巧进了西瓜，即使是数九寒天，他也想方设法兜售。哪怕买了一万个西瓜的客户在大冷天里难以处理库存，导致西瓜尽数腐烂，他也依旧佯装不知。

做出这种冷酷无情的事后，他依旧为完成大笔订单而感到兴奋。

最后一位销售员向客户打听他的需求。

即使客户表示需要西瓜，他依旧会首先仔细询问客户，仔细观察现状，最后通过客户的需求来造福社会。

在这之后，他还会有新的设想。

或许是卖橘子，或许是卖苹果，如果水果不行，也可以去卖截然不同的其他货物，例如咖啡。

尽管耗费时间，但这位销售员最后也完成了交易。

我的目标是成为最后一位销售员那样的人。

尽管任何工作中都存在客户，但与他们的关系却只分为两种：一种是工作者，另一种是合作者。

而在这个例子中，前两位销售员是工作者，最后一位销售员则是合作者。

身为工作者，便无法发展与客户之间的关系。哪怕双方都有可能出错，但约定好的买卖必须进行，因此只能尽快发货，完成交易。

这种人无论调动多么庞大的资金，也单纯只是在工作。对方既不会尊重自己，自己也没有必要为对方着想，更不用考虑将来的客户。

别说是否要在思考上下功夫，就连思考本身都不需要，这样未免过于可悲。

我觉得不只客户，对待上司和下属时也要时刻有"工作者与合作者"的意识。

上司让你做事，如果只是言听计从，那不过是单纯的工作者。

这样不只是在消耗自己，对上司和公司也没有好处，甚至无法使社会上的其他人受益。

只对别人的命令言听计从的工作者，永远有人能替代他。工作者的工作方式即便在公司受到夸奖，人家也只觉得你是个"好用的工具人"。说得难听些，与复印机或电脑相差无几，随时可能被其他计算机取代。

为了不做这种悲剧角色，就要主动提出建议，主动做出保证。

"这么做怎么样？"

"为了成功，我会坚持不懈。"

为了培养建议和担保的能力，需要做两件事。

第一，熟悉对方，把对方的问题当作自己的问题去思考。

第二，在熟悉对方的前提下放眼未来。

一旦熟悉了对方，你的头脑里就会冒出"现在需要的是这个""后面这样做比较好"之类的想法。

例如在之前那个故事里,我们不像第二个推销员那样"卖完拉倒",而是将自己代入对方,考虑今后的情况。

"这份工作这样做,会有这样的结果,客户应该会接受。"

甚至还可以这样说:"一起努力下去吧,我能保证会有好的结果。"

对任何人来说,会为自己考虑未来的人都无比珍贵。因为无论上司、客户还是老板,内心都存在焦虑和困惑。

而能解决这些问题的人,会成为他们无可替代的伙伴。

"请把工作交给我,请让我为你效劳。"

尽管这样未必一定能够得到工作,但主动提出建议,主动做出保证,一定会离你的事业越来越近。

----------- **思考要诀** -----------

- 自己不是工作者,而是合作者。在保持这种意识的前提下,不断提出能使对方高兴、令对方获益的建议,并对未来加以保证。

不冲突、不愤怒,始终保持冷静

你了解"不抵抗"的力量吗?

在工作中,除非围绕着一个绝佳的想法,否则难免出现竞争。

有了竞争,市场才会不断进步。这样看来,竞争不但不是坏事,而且还是成长之源。

举个例子,世界上最古老的汽油车是1886年诞生的梅赛德斯-奔驰。如今奔驰品牌的汽车依旧十分优秀,但如果没有宝马、保时捷等其他汽车制造商作为对手,想必奔驰不会成为如今的样子。

既然竞争永远存在,我们就必须时刻考虑到它。"第一、第二与第三之间究竟存在着怎样的差距?这个排名究竟是怎样决定的?"

对待这种现象,我们要尝试进行独立分析。

在尝试着这样做后,我也得出了自己的结

论，发现了它们的差异所在：排名更高的公司必定拥有着思考更加深入的人。

在业界排名第十的公司固然有可能一口气冲到第四，但排名更高的公司，顺序则基本不变。无论怎样努力，想从第二升到第一，或从第三升到第一，都是极其困难的。

考虑过各种原因后我发现：排名第一的公司对每件事都有着深刻的思考。

因为"思考"指的并非公司战略、资本、商品、人才、宣传这一系列实体事物，所以这些"雷打不动的巨头"存在于任何行业当中。

反过来说，想在业界拔得头筹，就要进行深入且全面的思考。

对事物的思考要持续而深入。单纯的深度研究有其局限所在，因此要尝试将思考向各个方向发散，以螺旋方式深入钻研。

历经反复思考后的努力，正是在竞争中拔得头筹的不二法门。

或许会有人反驳："思考是商业竞争中获胜

的方法，这种说法过于抽象。"

当然，成长需要过程，需要专业的知识与扎实的组织。

然而无论是社会上的老牌公司，还是不断涌现的风险企业，最初都是诞生于一个人的"设想"。

我认为，这一事实既是"思考才是在竞争中拔得头筹"的论据，也是对每个工作者来说无可置疑的希望。

在竞争中取胜的第二个方法是不争斗。

但这里要强调的是，尽管我宣扬"不争斗"，但也不应该成为牺牲品。

人类有着这样的天性——遇到障碍或不遂心意时放弃斗争，并试图把过错归于他人。

"我已经很努力了，为什么还有这么多障碍？这一定不是我的错，都怪别人不好。"

是大环境的错，是别人有问题，都是时代不好。因为这样，毫无过错的自己才会跟着倒霉……

越是这样发泄不满，成功就越会远离你。

尽管如此，我依然不支持你"去争斗"。

世界上充满了不合情理之事，每个人都有着自己的情感和尊严。本已和某人确认过某事，之后对方却表示你没有提过；提前约得好好的事，也总是有人满不在乎地爽约。

但如果纠结于此，在每件事上都争个没完，事业也会停滞不前。

无论谁胜谁负，无论谁对谁错，若一味拿面子说事，不撞南墙不回头，既会迷失自己的愿景，又无法提升事业的格局，更无法帮助社会上的其他人，可谓百害而无一利。

那么在不争斗的前提下，要怎样赢得竞争呢？

答案就是贯彻"不抵抗"的做法。

这一原则在公司之间、商品之间以及人与人之间也同样适用。挑起争斗的人总会存在，即使在同一公司内部，人们也并非与竞争或争斗无缘。这样一来我们会身心俱疲、遍体鳞伤，对手的进攻却会变本加厉。

即便如此，也要贯彻"不抵抗"的原则。最开始或许会遍体鳞伤，但受到"踢打"后，你便熟悉了对方的攻击套路，也熟悉他会对人使用怎样的方式，进行怎样的谩骂了。

在不抵抗的过程中一边忍耐一边客观看待向你挑衅的对手后，某一瞬间你会猛然发觉自己能够"看穿"他的一切。彻底看穿对方的本事后，你就能预测他后续的做法了。

这样一来，像武术中的落地受身（一种在坠落着地的同时打滚，通过延长受力时间来减缓落地伤害的技法），你就能够避免对手的攻击对自己造成伤害了。

此外，当对方筋疲力尽时，你只需轻轻一碰就能将他击倒。

不抵抗并保持思考，是在竞争中获得胜利的唯一方法。

我认为这比争斗本身更难做到，希望你能够掌握它。

——————— 思考要诀 ———————

- 为了保证思考，需要时刻保持冷静。要做到不动怒、不纠结、不畏缩、不自满，专注思考，客观看待自己和对方。

为失败投资

你是否在迷恋"微小的胜利"

要想获得成长,永远胜利是不行的。

在竞争中,若仅仅执着于获胜,格局就会越来越小。

一味求稳,满足于微小的成绩,不做额外挑战,选择稳妥的做法收获预估之内的成果,这样持续下去,非但不会获得成长,反而会导致退步。

IT企业经常使用"是否要scale"这一说法,它的意思是指是否要扩张事业的规模。

当有人这样说时,他想表达的意思是"光是获胜还不足以做到扩张"。

我认为想要做到扩张,不仅获胜,失败的经

历也很重要。

因为在失败中学到的，远比在获胜中多。

失败会令自尊心受伤，会令人难过痛苦，但有许多教训只能在失败中学习。如此想来，我们也要为失败投资。

若能将失败的经验化为自身的资本，便能让自己的能力与事业规模成倍扩张。

单单积累胜利的经验，能力与事业规模扩张的幅度都极其有限。

如果说失败是投资，那么胜利便是存款，辛辛苦苦存了许久，却只得到可怜巴巴的一点利息。

想要胜利，就必须历经失败。竞争和比拼最终的目的并非不断获胜，而是让自己进步、让事业规模扩张。

因此，在扩张的过程中，一定要接受"失败不可或缺"这一概念。

若能注重失败这一"投资"并从中广泛学习，你便不会在精神层面受伤或产生挫败感。因为连失败也能化作你自身的力量与智慧，要利用逆境使自己进步。

用运动来比喻，就好像对一个肩膀和肘部饱受疼痛折磨的棒球投手来说，"别说棒球，连其他东西都要握不住了，我的运动员生涯已经结束了"这种想法足以让他意志消沉。

但他也可以换个方式思考，向击球手方面发展，对伤情这一失败进行投资，说不定会令他从此成为一名击球精英。

当对"接受失败"这一原则进行拓展性思考时，我突然想到，"主动放低姿态"或许也是使自己进步的好方法。

这种思维方式或许有些乐观，但时刻保持低姿态，把自己的位置放低，就能更好地了解自己的对手和工作。

这绝非在建议你过度谦卑。只要时刻保持平常心，无论处于怎样的环境中，机会都一定会来到你的身边。

请不要误会的是，把视野放高也绝不是一件坏事，只有这样才能纵观大局。

重要的是看待事物要保持多种视角，既要从高处看，也要从低处看。

―――― **思考要诀** ――――

- 不是所有的失败都有必要,但也不要恐惧失败。接受失败后,你会收获良多、学习良多。

第3讲

·

让它成为你每日的习惯

谈到习惯，我认为它就像"待办事项列表"那样，经常思考自己要做的事。

每天跑步、学习外语、找时间独处……这些都是需要的，不过再多添加一个"思考"的习惯吧。

小事要每天思考，大事也要每天思考。

当每日的思考因遇到障碍而停滞时，自然会在思考上下更多功夫。

从大方向思考小事，从小角度思考大事。

从侧面、正面等不同角度对思考进行钻研。

当你养成了勤于思考的习惯，就能让"浑浑噩噩的日子"消失在生活当中。

创造时间，规划时间

你管理好今天的时间了吗?

我认为,如果你每天在公司工作8个小时,那么不用在所有时间里都拼尽全力。要是开足马力工作整整8个小时,就属于"不经思考地蛮干"了。

我通常在早晨状态更好,每天在4:30左右起床。同时,我非常珍惜睡眠时间,每天要睡足7个小时,所以一向早睡早起。

醒后略微吃些早餐,跑一段马拉松,尽早回复邮件。

上午的时间我主要用来思考问题、制订计划或是撰写稿件,这是我精神高度集中的一段时间。通常在中午之前,我都会让工作告一段落。

聚精会神地工作4个小时之后,我会感到精疲力尽。

下午通常被会议和讨论等"与他人共处"的时间所占据。这样的4个小时过后,我同样会精疲力尽。

独自一人能够集中精力的时间有限。

与人共处能够集中精力的时间同样有限。

我认为不只我自己是这样的。

仔细思考"要如何利用好属于工作的8个小时"。在不同的职业、公司和处境下,情况也会有所不同。

由于不同公司的具体情况不同,你可能会无法如愿利用时间,但暂且抛开"能或不能",先思考一下适合自己的时间使用方法吧。

例如在8个小时里,一半时间集中精力,做高生产性的工作;剩下的一半时间里,一个小时用来收集信息,两个小时用来开会或与人交流,一个小时用来挑战全新事物。

思考并在可行的范围内进行尝试,你会逐渐熟悉并掌握适合自己的时间分配方式。尽可能加以实践,你的工作方式也会焕然一新。

我还有一个有关时间的想法,那就是"创造时间"。它并非让你分配必做的事,而是让你去主动创造"属于自己的时间"。

谷歌为了让员工更加活跃而制定的"20%的自由时间"在日本同样非常有名,知道这个的人想必为数不少。这是谷歌独创的制度。

有人会感慨:"真羡慕谷歌,我们公司就没有这样的好事。"当听到这样的观点时,我并不表示认同。

没有什么比等待别人施舍更加可悲的事了。

如果仅是被动地等着别人将自由的时间赏赐给你,那么你所得到的不会是时间,只会是更多的压力。

我们要尝试着主动构思自己的工作方式,寻找创造时间的方法。这就是在"创造时间,规划时间"。

没有这种自主意识,就无法创造出"属于自己的时间"。

若能为了"属于自己的时间"而苦心思索，工作方式也会变得积极主动起来。因为这样就不是等待别人的指示，而是主动创造工作。

"这样做不是效率更高吗？"

"这样不就能帮助客人，让他们更加开心了吗？"

这样一来，你会在工作上得到更多依赖，从而更加容易保证属于自己的时间，形成良性循环。

---------- 思考要诀 ----------

- 学会创造"属于自己的时间"后，你就会变得更加自由。以此为目标努力吧！

为优先程度排序，20%的挑战

你是否在从"最重要的事"开始做起

我曾经观察过自己的Mentor（工作上的指导者），并在他身上学到了成功的诀窍。

其中我注意到的是成功者与普通人的区别在于"优先程度"这一概念。

成功者在判断事情优先程度的问题上绝对不会出错。

今天要做什么？最先要做什么？

判断优先程度的方法更加优秀，因此一切事物在他们手上都圆满如意。

反过来说，如果在优先程度上出现差错，做事就会失败或是慢人一步。

我认为这是需要深入学习的一点。

对待新事物也好，解决老问题也好，处理今天的日常工作也好，凡事都要定好优先程度的顺序。

这样做有问题吗？是最合适的吗？每天都要怀疑并检查做事的优先程度。

例如，晚上可以为明天要做的事依优先程度进行排序，但仅这样做还不能放下心来。优先程度真的应该是这样吗？早上起床时要多怀疑一次、多检查一次才行。

事物的状况时刻都在发生改变，我在工作中也会对诸事的优先程度进行频繁地调整。"这种顺序真的最合适吗？"时刻保持怀疑是非常重要的。

重新排序就是在捕捉机会。如果安于已经排好的顺序而固执己见，不肯做出改变，会让突然到来的机会从手边溜走。

在人际交往中，每个人都必定要经历如何创造机会、如何与人会话、如何加深关系等一系列过程。无论在公司里表扬年轻人时，还是给他们下指示时，又或是提醒他们时，都要注重交流的优先程度。

假设有一个员工平日里习惯迟到，但今天的工作表现非常优秀。在这时与他沟通，优先要做的就是"对他今天的工作加以表扬"，而不是"批评他迟到"。

就像这样，我每天都在对做事的优先程度加以思考。但在制订重大计划时，不会光凭自己心里排好的优先顺序付诸行动。

在决定自己心中的优先顺序后，我还会考虑："我尊敬的那个人会怎么做？"

继而进一步考虑："我工作上的指导者会怎么做？他会先做什么？"

最后把这些与自己最开始排好的优先顺序进行比较，探讨这些做法是否与实际方案相吻合，进而决定最后的优先顺序。通过这一系列在思考上的努力，来提升为优先程度排序的精确度。

在为优先程度排序、对办事步骤加以梳理的前提下，尽量不要让头脑中充满"应该去做某某事"的念头。

我会始终给自己保留20%的精力，不为它安排任何计划。这20%的精力是为了挑战新事物而用的。当我突然想要挑战某些新事物时，就会利用这20%的精力去做。它同样适用于我在上一小节中提到的创造"属于自己的时间"这一概念。

在每天工作8个小时的情况下，至少要争取为挑战留出1个小时。在这段时间里体验从未做过的事、进行学习或自我投资。尽管用于挑战的时间与产出没有直接关联，但我认为这会是日后回报率极高的一笔投资。

---- 思考要诀 ----

- 为优先程度排序时要细腻，用20%的时间进行挑战时要大胆。

提前注意、提前发现、提前接触

你是否在定义"本质性的价值"

比其他人提前注意、提前发现、提前接触。

如果你希望把工作做好,就应该养成这样的习惯。但如果没有留出"20%的挑战时间",你依旧会对许多事力不从心。

有了20%的宽裕时间,你就能将大胆挑战培养成日常习惯。

这样一来,你就能敏锐起来,比其他人提前注意到大众情感的动向,以及社会上的突发事件。

"虽然不是很具体,但似乎发生了什么",如果能敏感注意到这点,那你也能比其他人更早察觉具体发生了什么。

不要一味想着"自己能做什么"这个问题,

寻找缺乏热爱之处，继而发现自己能够做到的事，便能为社会造福。

比其他人更早一步接触，就能比其他人更早一步体验。对于别人的烦恼或焦虑，不是发现，而要把它们当作自己的事一样去感受、品味。只有理解这一原则，才能发现什么是真正对他人有所帮助的。

如果要换一句话来表达"接触"，我认为就是在深入共处后，对一个人"本质价值"的理解。

无论委托人还是客户，人们寻找的都是解决问题的方法。而为了解决本质的问题，来自外界的理解便不可或缺。

过去从事编辑工作的我始终认为，采访是寻找并发掘对方本质价值的最好办法。

例如在采访一名女演员时，光是将她所说过的话原封不动地记录下来，远远无法撰写出一篇优秀的报道。我们要做的首先是鼓励对方说出内心深藏的话语，并配合自己的语言，走进对方的内心世界。

此外，当我向读者分享"她有着一头漂亮的长发"时，这个消息既不新鲜也不稀奇，更不是大家想知道的。所以不仅要注意表面，更要深入接触内在，感受事物的本质。

用平易近人的语言将最终得到的这些信息表达出来，这才是一篇优秀的报道。换句话说，它是对采访对象"本质价值"的定义。

这番话不单是说给媒体工作者的。我与许多企业往来颇深，当他们向我寻求建议时，我也曾讲述过这一点。

总而言之，这些观点的目的都是要你定义委托人的"本质价值"。

"贵公司的本质价值在此，尽管富有魅力，但还没有得到充分推广，让我们一同考虑如何把它宣传出去吧。"

通过比任何人都提前注意、提前发现、提前接触的方式提炼出本质价值。传达给对方后，一定会让他喜出望外。

"是啊，这正是我想要说的，为此都头痛十年了。"

"太棒了,你把我想了很久的事用语言表达出来了。"

这是我将自己放在当事人的位置上,甚至比当事人本身更加融入角色后得到的反馈。除了阅读书籍资料、深入现场考察,还要为对方的未来做打算。

比任何人都提前注意、提前发现、提前接触,就不会产生争端,因为这是你独特的能力,你也会因此而获得更多机会。

思考要诀

- 与其在思考后行动,不如在行动中思考。要发掘事物的本质,重要的是让思考与行动同时进行。

单人头脑风暴，用文字管理状态

你尝试过与自己开会吗?

上午的"集中思考时间"有各种使用方法。

以我为例,我会利用上午的时间来撰稿或构思创意,为要做的事情排序等。要考虑的事有很多,但本质就是"单人头脑风暴"。

头脑风暴原指"多人自由提意见、出主意"的做法,但我认为一个人自由提出意见,从不同的角度思考问题这一做法同样可行。

不过光是坐在桌旁,想着"独自从各种角度思考现在的工作",多半无法顺利实施。胡思乱想了一阵子,要么不得要领,要么一直发呆,浪费了宝贵的时间,这些情况十分常见。

为了让思考的成果肉眼可见,我所使用的工

具是纸张。也就是将"单人头脑风暴"的内容记录在纸张上。记录到纸上后,我就能公正客观地看待自己的观点,对内容也能一目了然。

假设要对某项计划进行思考,我会先在白纸上画一个十字。任务是什么?原因是什么?解决方法是什么?实施方法是什么?划分出这四个格子,接着将想到的内容一股脑儿写上去,不在脑中做任何取舍和筛选,只是平淡地记在纸上。

"记录任务"是将现在的烦恼和问题用语言表达出来。为烦恼所困时,单是用语言表达出来就能舒心不少。

"记录原因"能帮我看清问题的本质。

"记录解决方法"时的诀窍,是把一切能想到的一股脑儿地罗列出来。

"记录实施方法"是将数量繁多的解决方法在想象中具体实施,在这个环节中筛选出实际能做到的。

我会在A4纸上进行"单人头脑风暴",再将得出的"实施方案"写在名片大小的卡片上随身携带。

有时我还会做这样的"单人头脑风暴"：在面前放一张白纸，将头脑中浮现出的语言和想法全部写在上面。每当我头脑中冒出荒诞无稽的想法或宏大无比的计划时，我多半会这样做。

"单人头脑风暴"可以在家里或咖啡馆这种方便的地方来做。早晨上班后，在无人的办公室内同样可以进行。但无论地点在哪儿，我都推荐早晨来做。

当身边没有纸笔时，我会用手机或电脑上的印象笔记来做，但基本还是以手写为主。我认为手写更容易给人留下肌肉记忆。

同时，手写的文字还能够反映自己的状态，因为一个人写的字会受身体状态和心情的影响。

在早上起床做"单人头脑风暴"时如果无法集中精神，写下来的文字也与平常不太一样，就能判断出"今天状态不好"，继而调整当日的计划，让自己不要过于劳累。重要的决定如果能推迟，也可以想办法推迟。

―――― **思考要诀** ――――

- 活用纸笔,让自己的思想留下形状。"书写文字"这一身体行为,能够让你进行体感式的思考。

发明的微调，念头的变体

你的念头经受过"碰撞"吗?

"当一个念头刚刚在你脑海中诞生时,它不会立马就造益他人。"我时刻都保持着这种想法。

无论脑子里闪过什么好主意,我都会加以怀疑。

怀疑,并再一次思考。即使确信"这是个好创意",也依旧会加以怀疑。

我认为,这种严谨的态度与充分的耐心是思考的要诀之一。

自己想到的创意如我在前文中所言,是"只属于自己的发明",因此一定会受到本人的喜爱。我们会赞赏自己的想法,对此感到满足,并捧着它不愿撒手。要抛弃自己灵光一现的想法并重新思考,是需要勇气的。

独自思考固然如此，经过多人商量后所决定的方案同样很容易会这样。

"好不容易统一起来的意见，就按这个做吧！"因为组织的存在，很容易会让人这样去想。

但我认为，正因如此，让各种意见相互碰撞的环境才是必不可少的。

与想法不同或处于不同立场的人进行交流可能会产生压力，但这也是设计想法与提高想法准确性的大好机会。

我在30多岁时，既是自由职业者，又是古书店老板和作家，直到后来我才加入组织，进入出版界。

当时我身边流行文化的氛围十分浓厚，那里的共同语言与共同价值观都令我无比舒适。

但到50多岁时，我离开那个世界，一头闯进了IT企业与经营的世界中。与陌生的人们相识，让我收获了数不清的感动与智慧，拓宽了我的视野。与此相关的经历简直说也说不完。

转职后进入新的环境，重新构建人际关系曾经令我充满压力，职业的变动更是给我增添了极大的负担。

但一段时间后回首过去,我认为这件事给我带来的好处要更多。

并不是每个人都需要更换工作,但我们每天都在与做着不同工作、处于不同世界的人们接触。即使同一家公司的员工,在价值观方面依旧存在差异,我们要与其他人积极沟通,多多交流。

当你与别人谈论自己的观点时,别人可能会加以否定,也可能会不明所以。

不过想法会在疑问与否定中进化。你所创造的观点经过微调后,会变得更加完善。

如果一个想法从一开始就行不通,那就去构思更多的想法。因为如果没有其他想法来代替它,就只能这样实施下去,最终导致不尽人意的结果。

构思出多个崭新的想法难度颇高。对此我的办法是时刻求新求变。当我的头脑中冒出一个想法时,我会进一步考虑能不能对它进行加工、能不能让它获得变化。

当思考卡壳,认为"这个办法不可行"时,如果能迅速找到同一想法的变体,在许多情况下就能迅速微调,获得更好的效果。

举例来说,假如现在有A、B、C三个方案,你可以尝试更改计划中的数值与分量。有时光是改变颜色,就足以衍生出更加丰富的选项。

一个建议被人否定之后就没有下文了,但如果能求新求变,其中的某一个就可能会得到采用。

―――――― **思考要诀** ――――――

- 与价值观不同的人进行交流,为想法构思变体,让自己有更多创意。再用微调的方法对它们进行改善!

以汇报高手为目标,
当策划者和指导者

你此刻的汇报是准确无误的吗?

所谓工作,基本是在解决问题。

要解决客户的问题、计划中的问题、个人工作方法中的问题、公司整体的问题……种种问题,不一而足。

解决这些问题就是帮助遇到困难的人。至于怎样解决这些问题,就涉及对"价值本质"的定义。

客户、计划、个人和公司本质性的价值是什么?正因为这是个大难题,因此想要找到答案,必须习惯每天都思考这件事。

找到答案后,即便无法确认,每天也要用语

言表达出来。如果不与客户、同事、上司、下属甚至家人谈论"本质价值"这一话题，无论多么细微的问题也无法解决。

准确定义本质价值，用语言表达后要怎样与世界分享？可以说，对"价值传达方式"的指导与任何职业都息息相关。

史蒂夫·乔布斯既不亲自编程，也不亲自设计，而是定义本质性的价值，用言语向系统工程师和设计师表达，从而做出产品。定义"iphone"之类产品本质性的价值，以简单易懂的言语表达出来，并用扣人心弦的方法传达给市场，乔布斯因此被人称作是"iphone的策划者和指导者"。

在今后的时代，无论会计还是推销都将不再是一门技术，每个人都必须学会策划和指导。

或许有人认为"策划和指导"的能力与自己相差甚远，但他们依旧可以通过日常小事进行练习。

说得具体一些，每天要做的汇报也是"策划和指导"的一种。

"汇报、联络、商谈"是工作中不可或缺的几个要素。我认为"联络与商谈"相对简单，被认为是基础工作的"汇报"，看似简单却十分困难。事实上，汇报才是公司内部交流的基础。然而无论在我们公司还是其他公司，不懂得汇报的本质、没有将汇报养成习惯的情况都经常发生。为了解决这一问题，在此我要列举六个解决方案。

一、迅速而准确

为了汇报能够准确无误，重要的是提前注意、提前发现、提前接触。为了不漏掉内容，就要对事项进行准确把握。

汇报讲究先下手为强，要做到迅速而准确，不要等到别人问起才去汇报。

尽管坏情况令人难以启齿，但它只会一天比一天更坏。舍弃"想隐瞒没有做好的事"这种无谓的虚荣心，做出迅速而准确的汇报。

二、换位思考

任何汇报都有对象。因此要考虑过"对方想

知道什么"这个问题后再进行汇报。例如要向上司汇报，为了不耽误工作，可以想想对方必须知道的是什么。或者从职责上来讲，必须让上司把握的信息是什么。有些上司希望听你向他汇报，知道你在认真工作，从而放下心来，因此整理工作内容是非常重要的。

即使不需要汇报，也要养成时刻了解身边的人想知道什么、正在担心什么的习惯。

三、讲究时机

你的上司通常很忙，有方便和不方便的时候，汇报的时机和方法要考虑对方的状况。什么时候汇报，汇报用口头、邮件还是书面方式进行，都要随具体情况而变，尽量配合对方的步调。

四、首先告知信息量

口头汇报时，首先将信息量告知对方。此次汇报需要1小时、5分钟，或者是1分钟。"首先告知信息量"是基本中的基本，"尽量让自己的汇报简短精悍"则是另一个基本原则。

五、整理后传达

汇报尽可能明确、简洁易懂。首先清晰叙述结论"这是关于某某事的汇报";然后以"A计划发生了这种问题"的方式,从结论开始进行叙述。如果同时有好消息和坏消息,就从坏消息汇报起。

接下来汇报需要花费的时间与金钱。进展情况与预定计划表等内容不要掺杂主观看法,准确汇报现状。

六、解决问题

最后描述通过分析问题与风险后,自己将要解决问题的方法。用问题解决的方案为汇报进行收尾。例如:A计划问题的本质上是严重的进度延迟,那就提出"增加人手"或"改变工作方法"等解决问题的建议。

成为汇报高手后,你会得到许多工作。因为对方会觉得"你办事,我放心",并对你加以信任,你获得的机会自然越来越多。

―――― 思考要诀 ――――

- 将"汇报、联络、商谈"作为工作的基础。如果想时刻把握汇报的要点,就要养成对现状观察并思考的习惯。

验证没人做过的事,令伙伴得利

你是否每天都在冒险

我们从事每天的工作,会越来越拘泥于"生产性"。

举个例子,当我们完成某件事后,会获得某种成果、令某个数字上升,或得到某种赞赏,于是我们就会将一个"终点"当作自己的目标。我认为,工作的本质固然是化无形为有形,但如果过分拘泥于"生产性",就会让你丧失进步的动力。

发现迄今为止没人做过的事,努力钻研并付诸实践。这既是我强烈推荐你去做的,也是我自己反复践行的。事实上,这是一件没什么"生产性"的事情。

即便反复思考、努力钻研、勇敢尝试,许多

事情依旧会以徒劳收场。

因为它们属于发明"新方法"的试错阶段，也就是早期投资。而早期投资是无法立刻获益的。

那些进行早期投资、每天给自己留出思考时间的人，短时间内或许会被那些不去思考、认为"有闲工夫思考，还不如赶快解决眼前的工作"的人超越。

然而，就在这段时间里，你既能储蓄信任，也能够发现许多新办法。

即使去尝试没人做过的事会一败涂地，但你得到的"这样做无济于事"的一手信息的价值也是十分宝贵的。

假设有人想尝试某种做法，一个人对他说"我过去没这样试过，多半行不通吧"，另一个人则说"这是行不通的，因为我过去尝试过"，这种时候更有自信的显然是后者。

如果把出差或观光旅游比喻成"生产性"行为，冒险旅行则是"非生产性"行为。

出差或观光旅游有着诸如"与客户谈生

意""品尝美食、在世界遗产拍照留念"这类需要稳妥达成的目的或成果,为了提高"生产性",这类行为通常是高效的。然而,如果只是沿着既定的路线向着既定的终点前进,无论生产性多高,不费脑子思考也无法获得意料之外的成果。

冒险旅行则是一场没有固定目的和路线的漫游,我们不知道自己能在这场漫游中得到什么。在旅行中,我们或许登不上山顶、看不到绝佳的景色,甚至品尝不到美食,一路上只有口袋里的糖果可以果腹。这种行为的确很缺乏生产性。

然而,"冒险"这一没有生产性的过程,本身就能在极大程度上令我们变得更加强大。因此,我认为与优秀相比,勇气更加重要,要每天进步一点点,养成冒险的习惯。我下过决心,坚持每天思考,让每天的行为都有些许变化,让这种小小的冒险成为工作中的习惯。

我觉得只有这样才能培养自信。

提到在工作中谁也不会去做的事,"令伙伴得利"算得上一个。

工作与金钱有着斩不断的联系,我们每个人都想通过工作去收获、去得利、去令自身成长。

而能意识到令伙伴收获、得利、成长并喜悦的人,不能说完全没有,想必也是寥寥无几。

但在我心里,这种"想让伙伴喜悦"的心理却极为强烈。我在工作时会有意识地令伙伴收获、得利。

保持这种做法,或许你在别人的心里就会成为一个"有他在我就有收获,就能得利,就能有所学习"的人。令别人喜悦,也有机会提升自己工作的格局。

为此,我才会养成一种习惯,每日思考"让伙伴喜悦"这一别人未曾尝试的事。

------ **思考要诀** ------

· 让头脑和身体每天都参与到冒险当中。

第二部分

·

思考与实践

本部分内容既是我的成功哲学,也是我的黄金法则。

它们既不是我从其他地方引用的,也不是从尊敬的人那儿学到的,纯粹是我的独创想法。

我从事过各种各样的工作,并尝试着把这些经历的精髓融入本章各个小节。

因此,它们是松浦弥太郎思考术的精髓,也是最深刻、最浓缩、最纯粹的"松浦弥太郎思维方式"。

如果你运用本部分的内容来钻研自己的思维方式,并最终养成自己独特的思维方式,我会非常高兴。

那是比如今好一点点的解决或应对方法吗?

"极其惊人的事""极其美妙的事""戏剧性的变化""令人意想不到的发明",在思考的时候,请不要以这些为目标。

过于剧烈的变化与过于新颖的念头有着太强的跳跃性,人们很难跟上这种思维。即使提供了没人尝试过的、出人意料的商品或服务,也无法被大伙儿接受。即使真是良品,也只能落得孤芳自赏的结果。

所以如字面意义所言,去思考比现在好一点点的解决或应对方法吧。

即使是细微的变化,也能积少成多。

那是会让人不太满意,
或想修改的回答吗?

社会上的每个人都有着自己的困难。无论在任何时代、任何国家、任何情况下，这都是不变的事实。

然而，与困难相同，世界上也没有一成不变的事物。昨天的困难与今天的困难也有所不同。

因此，我们要敏锐地察觉变化的发生，还要通过工作来为每次变化后的"困难"与"期望"提供解答。

如果想掌握这项工作的基础，就要每天自我发问：我是否为"让人不太满意或想修改的"问题提出了最新的答案。

面对困难，光提出一个解答还不足以说明你完成了这项工作。

那是令人哪怕花钱也想得到的事物吗？

"免费我就要"的东西,并不是人们真正想得到的。"免费我就看"的东西,并不是人们真正想看到的。

哪怕花钱也想得到的东西,哪怕花钱也想看到的东西,哪怕花钱也想了解的知识,哪怕花钱也想获取的服务和方法,才是人们真正想要的。要是脑子里冒出了什么好创意,就立刻再想一想自己能否提供这样的服务吧。

此外,光是有人觉得"这个值得掏钱"依然不够,必须让人觉得"即使花钱也占便宜",提供令他人认为真正有价值的事物。

那是能令人忘却一切烦恼、感到幸福的事物吗?

能令人忘却烦恼、感到幸福的事物，我认为它的价值并没有那么大。

说得更明白，就是每个人都需要逃避现实。

究其原因，每个人都生活在残酷的现实当中。

大家照顾着各自珍惜的人，肩上扛着责任，身上带着软肋，尽管如此，他们每天依旧要一丝不苟地生活。哪怕只有片刻也好，我衷心希望能帮助他们逃避这样的现实。

美味的食品、美妙的事物、治愈人心的服务，这样的东西有许许多多。

例如：当一个人吃到美味的面包时，他有可能在一瞬间忘记忧愁。

能为人们提供这些的，我认为就是绝妙的事业。

那是简单易懂、
立刻就能做到的事吗？

如果一个创意让人觉得难以实现,或许需要再考虑考虑,那就说明它还不够适合。

重要的是要让客人立刻就能上手。

要让对方情不自禁地说出"啊,原来如此"这句话。

如果解释得足够体贴详尽,即便没有说明书,对方在萌生"想去尝试"的想法前,手上就已经不自觉地行动起来了。

能简单易懂,立刻就能做到,取决于你对创意和背景的熟悉程度。

那是每个人都理解、熟悉,
身边就有的事物吗?

人们对自己不了解的事物兴趣甚微。

反过来说，人们会对熟悉的事物抱有兴趣。

例如：在美食方面，与几乎没吃过的法国菜相比，大家更愿意了解那些常吃的、熟悉的拉面和咖喱。

与成功有关的创意，大多都与人们极为熟悉的身边事物有关。

想构思一个奇妙的创意，想在新鲜与稀有的事物上精益求精——这样考虑时，你已经陷入了自我满足的陷阱。

"想更加了解那些已经熟悉的事物。"

去思考那些更加直戳人们欲望的创意吧。

那是能令人忘却孤独、排遣寂寞的事物吗?

每个人的心里都有一个小小的容器,而这个容器时常处于空空如也的状态。

所谓的孤独或寂寞多半缘于此。

即便有家人和朋友陪伴自己,有兴趣和工作充实自己,这个空置的容器始终存在。

哪怕一时也好,我能帮助人们填满这个容器吗?

一边向自己发问,一边思考吧。

那是能令人消除焦虑、忘记恐惧的事物吗?

每个人都心怀对未来的焦虑与恐惧。每个人都在希求能消除焦虑、忘记恐惧。

这样说或许有些唯心论，但我认为无论多么高效的科技，都事关活生生的人。即使是高度精密的计算机，操纵它、享受方便服务的依旧是人。

正因如此，贴近人类本源的情感才是最重要的。

我们要研究和思考焦虑与恐怖这两个贴近人类本源的负面情感。

那是为重要之人提供的事物吗?

终极目标是服务被人接受、商品被人购买——如果一个人会这样想，未免太过无趣。

我认为当客人从你手中购买商品或是委托给你工作时，你们之间就建立了一种联系。正因如此，提供商品和服务的你要表现得真挚而坦诚。

说得详细一点，就是你的服务和商品是为你最爱的人提供的吗？

如果对象是你心爱的人，你绝不会提供草率、危险或敷衍了事的服务或商品。

这一原则同样关系着"你有多爱其他人"这一问题。

那是不同年龄段的人
能够共同分享的事物吗?

"我的目标客户是某个年龄段,过着某种生活,怀有某种思考方式的人。"我明白这是营销手段的一种。

但如果你的目标是帮助更多的人,或是尽可能让更多的人获得幸福,就必须精细规划自己的路线。

正因如此,要构思的是超越不同年龄段,对各个年龄都适用的事物,是从孩子到大人都能分享的事物,是无论男女都喜闻乐见的事物。

想创造拥有巨大价值的产品,我认为这是你要去做的第一步。

那是令人觉得开心、有趣、新奇的事物吗?

世界上有许多能令人开心的事物，但光是开心还远远不够。

"开心"就像是美味的点心，时候一过就会消失。

因此要将"开心"变为令人"想要多多了解，多多使用"、令人激动不已的有趣事物才行。对任何事物来说，"有趣"都不可或缺。

然而，尽管世界上存在许多有趣的事物，但光是有趣还不够。

对于一个创意来说，"有趣"固然不可或缺，但光是有趣还无法改变社会或他人。

除了"开心""有趣"，还要让人感到"新奇"。

这一理念看似浅显，实际上却相当深刻。

那是能够帮助到他人的事物吗？

这是最后的理念，但也包含了一切。

灵感、商品、服务、创意，可以说这就是我们创造的全部，而宗旨永远要归结于"能否帮助到他人"这一问题上来。

后记

如今，为了帮助遇到困难的人，我们需要提供为他们解决困难的办法。我认为这才是工作的本质。任何工作背后都有遇到困难的人，正因如此，才有所谓的"工作"存在。

有时候，它是一种事物。

有时候，它是一种服务。

有时候，它是一碗热汤。

有时候，它又是一篇文章或一句话语。

尽管形式各不相同，不同行业的方式也各不相同，但我们需要做的都是通过工作来输出解决"困难"的方式，并吸引人们购买。

正因为思考着这些问题，我才会意识到要

"贩卖未来的幸福"。

如果那些事物、服务能让人明天更加幸福；

如果那碗汤不只让人觉得美味，还能让人获得名为"健康"的幸福未来；

如果那篇文章或一句话语微微照亮了人类的未来；

那么我就可以挺起胸膛骄傲地说："这是有价值的工作。"

因此，我每天都不断追问自己、不断进行思考。

思考着自己输出的、表现的、创造的并公之于众的事物，是否真的能给予别人幸福的未来。自己的工作如果有一天突然消失，人们会觉得仿佛缺少了什么吗？

这些问题在思考过程中无法立刻弄清，也无法立刻得到答案，不过正因如此，在我看来才要深入、持续地思考。

有人说："即使不去思考，在未来世界里，AI也会超越人脑。"

到目前为止，人们始终认为计算机"储蓄

知识和信息的能力极高，但无法进行深入思考""擅长记忆事先输入的正确答案，但无法独自深入挖掘本质"。

但是，近一段时间以来技术不断进步，计算机的机械性学习已经转变为深入学习，它们开始学会"思考后给出自己的答案"。毕竟计算机已经战胜了专业棋手。

然而，脱离围棋或国际象棋，将眼光投向工作的世界后，AI的"思考"行为依旧只能止于模拟实验。

计算机能够分析思考后的内容，并模拟某事是会失败还是成功，但它欠缺同情心、无法完成妙趣横生的手工工艺，也不具备优美的身体。此外，如果它分析某事后认为失败概率较高，也不会勇于冒险，发起挑战。

过去，我始终认为"思考后的实践"也属于思考的一部分。而每当我耳闻目睹有关AI的消息后，都会再次认识到：没错，思考要加以实践才能变得完整。

思考，找到线索，鼓起勇气加以挑战，并将"思考后的答案"加以实践。这种反复摸索实验的经历才是无比贵重的、真正意义上的思考。

我坚信，对思考加以钻研，对想法加以实践后，才能发现最新的信息，以及下一个"思考的头绪"。

在全球化与多样化的大潮下，人们的生活方式变得千差万别。没有人教导你在生活和工作领域中要如何前进。而正确答案也无人得知。

正因如此，才要亲自挑战，对一个个选项加以选择与确认。

这才是提高思考质量后，在今后的社会生存下去的最佳对策。

不会有反馈，也不会有正确答案，更没有人来为你解惑。

思考、钻研、实践、验证，然后再次思考。

重视"独立思考"这一过程，直到今天我依然决定要坚持继续挑战下去。